WE ♥ BILLIE EILISH

SU VIDA SU MÚSICA SU HISTORIA

Clave: T=arriba, B=abajo, L=izquierda, R=derecha, C=centro

Publicado originalmente en 2020 por Mortimer Children's Books, de Welbeck Children's Limited, que pertenece a Welbeck Publishing Group

Primera edición: enero de 2021

Av. Diagonal, 662-664, 08034 Barcelona (España)
Libros Cúpula es marca registrada por Editorial Planeta, S. A.
www.planetadelibros.com

ISBN: 978-84-480-2781-0
D. L: B. 9.924-2020

Impresión: Macrolibros
Impreso en España – *Printed in Spain*

SUMARIO

Bienvenido 4

Fenómeno 6

Conoce a Billie 8

Las mejores fotos 10

La historia hasta el momento... 12

Las mejores fotos 16

Conoce a Finneas 18

Don't Smile at Me 20

Los 10 motivos por los que amamos a Billie 22

Las mejores fotos 24

When We All Fall Asleep, Where Do We Go? 26

Los números de Billie 28

Videoclips 30

¡Di lo que piensas! 32

Las mejores fotos 34

Marcar la diferencia 36

Icono de la moda 38

¿Qué Billie te pega más? 40

Las mejores fotos 42

Premios 44

Influencias musicales 48

Las mejores fotos 50

La guía para fans 52

Las mejores frases de Billie 54

Las mejores fotos 56

¿Cómo se llamaría tu disco? 58

Colores musicales 60

Inspiración y composición 62

Las mejores fotos 64

¡No puede ser! 66

Las mejores fotos 68

Interpretaciones icónicas 70

La primera gira mundial 72

Las mejores fotos 74

¿Cuánto sabes sobre Billie? 76

¿Qué será lo siguiente? 78

Respuestas 80

BIENVENIDO

Bienvenido a la primera guía básica sobre todo lo que rodea a Billie Eilish, el futuro del pop. Ya seas un superfán, un recién llegado a su mundo o cualquier otra cosa intermedia, este libro te proporcionará todo lo que necesitas saber sobre el nuevo gran icono global.

SÉ UN LÍDER, NO UN SEGUIDOR

A Billie no le gustan las reglas. Está rompiendo el molde de la estrella del pop impoluta y haciendo de ser desastrada la nueva forma de parecer guay. Le encanta la ropa varias tallas más grande de la que le corresponde y no le da miedo correr riesgos en el plano artístico. Billie es la prueba de que no necesitas comportarte como las demás artistas para tener éxito.

La enorme valentía de Billie hace que no tema compartir su visión del mundo a través de la composición de canciones y la dirección de videoclips. Además, sus temas «de fabricación casera» están en lo más alto de las listas de éxitos, demostrando así que no siempre se necesita un sofisticado estudio en el que grabar. Bien, ¿a quién le apetece enrolarse en los ***Billie's Pirates*** (así es como ella llama a sus fans, que lo sepas)?

FENÓMENO

En 2015, Billie pasó de ser una desconocida niña de catorce años a uno de los fenómenos musicales más vistos y queridos del mundo.

FUSIÓN

El sonido de Billie es una mezcla de diferentes géneros. Una fusión totalmente única de EDM, jazz, electro-pop y hip-hop. Inspiradas por sus experiencias vitales y sueños vívidos, cada una de las canciones de Eilish está dotada de un carácter propio.

LA VOZ DE UNA GENERACIÓN

Con más de cuarenta millones de seguidores en redes sociales, Billie se sirve de su influencia para ser la portavoz de toda una generación. Al igual que la activista por el cambio climático Greta Thunberg, Billie centra sus esfuerzos en asegurarse de que la voz de los más jóvenes sea escuchada. «Los adolescentes saben mejor que nadie en qué clase de país estamos viviendo y en qué momento se encuentra este», afirma, «... es precioso ver cómo los jóvenes se implican en protestas pacíficas y no se resignan a obedecer».

ARREBATANDO LA CORONA

Avance rápido hasta 2020, cuando Billie hizo historia al ganar cinco premios Grammy, convirtiéndose así en la persona más joven en hacerse con el galardón a Mejor Álbum y arrebatando la corona a Taylor Swift. Ve a la página 44 para conocer algunos más de sus premios.

CONOCE A BILLIE

Es la adolescente más famosa del planeta, pero ¿cuánto sabemos realmente de esa superestrella que es Billie Eilish?

Billie empezó a componer música con once años. Se crio en Los Ángeles, en el seno de una familia de músicos y actores.

NOMBRE COMPLETO: Billie Eilish Pirate Baird O'Connell

FECHA DE NACIMIENTO:
18 de diciembre de 2001

ALTURA: 1,61 m

SIGNO DEL ZODIACO:
Sagitario

HOBBIES:

- Actuar
- Bailar (Billie tomó clases de danza cuando era pequeña)
- Hacer películas (le gusta grabar y montar sus propios cortometrajes)
- Cantar (Billie formó parte de Los Angeles Children's Choir)

MASCOTAS:
Billie tiene una tarántula mascota

SERIE DE TV FAVORITA:
The Office (versión americana)

MÚSICA FAVORITA

Billie es una Belieber, es decir, una fan de Justin Bieber. También cuenta que The Beatles y Avril Lavigne fueron la banda sonora de su infancia.

¿SABÍAS QUE...?

Billie es vegana.

¿SABÍAS QUE...?

Billie fue escolarizada en casa.

BUENOS HERMANOS:

El hermano de Billie se llama Finneas. Produce y coescribe las canciones con ella. Ve a la página 18 para saber más de él.

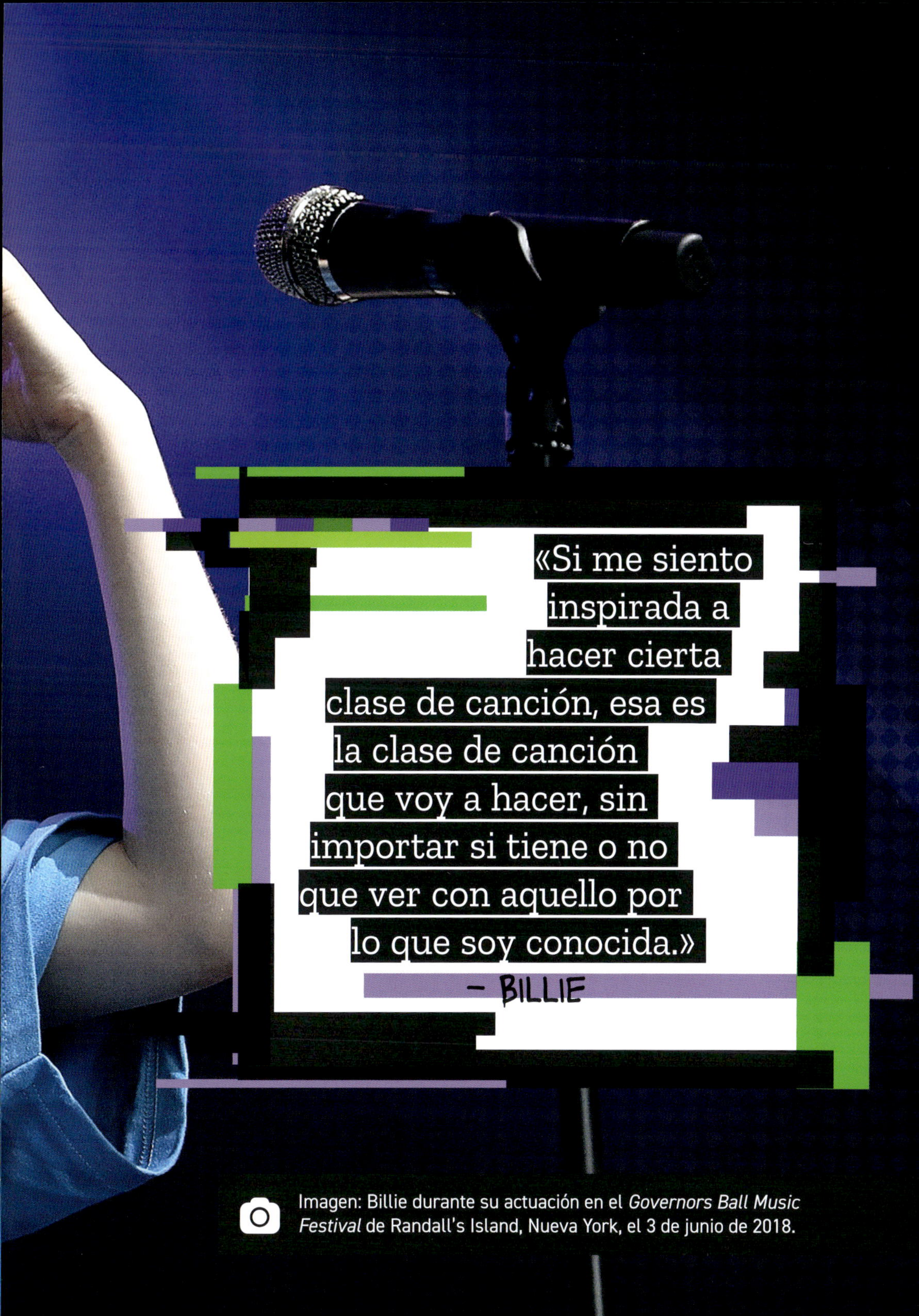

«Si me siento inspirada a hacer cierta clase de canción, esa es la clase de canción que voy a hacer, sin importar si tiene o no que ver con aquello por lo que soy conocida.»

– BILLIE

Imagen: Billie durante su actuación en el *Governors Ball Music Festival* de Randall's Island, Nueva York, el 3 de junio de 2018.

LA HISTORIA HASTA EL MOMENTO...

¡Billie se las ha ingeniado para hacer muchísimas cosas en lo que lleva de vida hasta el momento! Echemos un vistazo al periodo de tiempo que ha pasado en el punto de mira, desde sus comienzos en SoundCloud a la fama mundial.

CRECIENDO

Billie y su hermano Finneas vivían con sus padres, Maggie y Patrick, profesionales de la industria del entretenimiento. La suya era una casa muy musical, en la que había tres pianos y ¡un montón de ukeleles! Billie y Finneas pasaron la infancia escribiendo canciones en sus cuartos.

LA FAMA

A los catorce años, Billie alcanzó la fama tras subir «Ocean Eyes» a SoundCloud. La canción, escrita por Finneas, captó la atención del mundo entero. En un principio, «Ocean Eyes» se grabó para ser usada en una de las clases de baile de Billie, pero le gustó tanto que decidió compartirla en Internet; el resto ya forma parte de la historia de la música pop.

DESPEGANDO

Tras la publicación del videoclip en el que Billie baila «Ocean Eyes», las discográficas empezaron a competir entre ellas para representar a la artista. Fue Interscope la que finalmente se hizo cargo de sacar la canción al mercado, junto con, poco después, «Six Feet Under». Tras esto, Billie lanzó su EP debut, *Don't Smile at Me*, en agosto de 2017, al que siguió, en 2018, la gira *Where's my mind?*

DEBERÍAS VER CÓMO SALGO EN TELEVISIÓN

Como cabría esperar, Billie ha participado en un buen puñado de programas de televisión. Su primera aparición fue en *The Ellen DeGeneres Show*, donde sorprendió a los espectadores con su interpretación de «You should see me in a crown». Participó junto a James Corden en *Carpool Karaoke*, ¡cosa que hizo muy felices a sus fans! De ese modo, pudimos entrever su casa e incluso conocer a su araña mascota.

LA BUENA VIDA DE 2019

2019 fue un gran año para Billie. Ya empezó bien cuando el DJ Zane Lowe predijo que Eilish sería la sensación del año, acertando de pleno. En 2019 Billie alcanzó el estrellato, ¡llegando a arrasar la escena de festivales con sus conciertos en Coachella, Glastonbury y Reading, y a protagonizar una campaña publicitaria para Calvin Klein! Luego, las nominaciones y los premios empezaron a llover.

Ve a la página 44 para conocer más sobre esto.

HEROÍNA DEL MILENIO

Su primer disco de larga duración, *When We All Fall Asleep, Where Do We Go?* fue lanzado en marzo de 2019. Alcanzó el número uno del Billboard 200. Todo un récord para Billie: el suyo fue el primer disco hecho por alguien nacido en los 2000 que logra ser el más vendido en los EE. UU.

CONOCE A FINNEAS

Un libro sobre Billie debe contener, a la fuerza, un homenaje al megatalento de su hermano, Finneas.

¿SABÍAS QUE...?

Toca en un grupo llamado The Slightlys.

NOMBRE COMPLETO: Finneas Baird O'Connell

FECHA DE NACIMIENTO: 30 de julio de 1997

ALTURA: 1,82 m

HERMANOS: Billie

SIGNO DEL ZODIACO: Leo

REDES SOCIALES:

Más de 2,1 millones de seguidores en Instagram

Más de 630.000 seguidores en YouTube

Más de 280.000 seguidores en Twitter

¡EN SOLITARIO!

También ha publicado sus propias canciones. Echa un vistazo a «Angel», «New Girl» y «I Lost a Friend».

APARICIONES EN PELÍCULAS:

- *Bad Teacher* (2011)
- *Life Inside Out* (2013)

APARICIONES EN TV:

Tuvo un papel en la popular serie *Glee*, en la que interpretó a Alistair. También hizo el papel de Ronnie Jr. en *Modern Family*

«AMBOS ENCAJAMOS MUY BIEN LAS CRÍTICAS. ASÍ QUE, SI HACE ALGO Y YO LE DIGO "NO, ES TERRIBLE", ÉL ME CONTESTA EN PLAN "VALE, TIENES RAZÓN".»

BILLIE, SOBRE FINNEAS

LOS 10 MOTIVOS POR LOS QUE AMAMOS A BILLIE

Existen demasiados detalles brillantes al respecto de Billie como para que quepan en una sola página, pero vamos a señalar los principales motivos por los que amamos a Billie.

1

Su familia es su equipo profesional. Están todos muy unidos y se respaldan los unos a los otros.

2

Billie coescribe todas sus canciones, principalmente con su hermano.

3 Caer bien o ser guay no es importante. ¡Billie solo es fiel a sí misma!

4

Le encanta personalizar su ropa para que sea única y exclusiva.

5 Está comprometida con la ecología y el cuidado del medio ambiente. Ve a la página 36 para saber más sobre su gira ecológica.

6 Muchos ya están copiando su estilo. El suyo fue el disfraz de Halloween más popular de 2019.

7 Suele hablar de los temas que más afectan a la juventud, como la salud mental y el sentirse bien con el propio aspecto físico.

8

Sus colores de pelo son algo serio.

9

Billie sabe tocar el piano, la guitarra y el ukelele.

10 Billie representa la libertad creativa total. Todo en ella es experimental, excitante y distinto. ¡Increíble!

«No voy a decir que soy una tía guay, porque realmente no me siento así. Simplemente, no me importa, y supongo que la gente considera eso algo guay.» – BILLIE

Imagen: Billie durante su gira *1 By 1*, en el *Ace of Spades* de Sacramento, California, el 21 de octubre de 2018.

WHEN WE ALL FALL ASLEEP, WHERE DO WE GO?

Tras el inmenso éxito de *Don't Smile at Me*, Billie no tardó en dar a luz nuevas composiciones. ¡Había probado que su peculiar estilo era justo lo que el mundo necesitaba escuchar!

LISTA DE CANCIONES:

1. !!!!!!!
2. Bad Guy
3. Xanny
4. You Should See Me in a Crown
5. All the Good Girls Go to Hell
6. Wish You Were Gay
7. When the Party's Over
8. 8
9. My Strange Addiction
10. Bury a Friend
11. Ilomilo
12. Listen Before I Go
13. I Love You
14. Goodbye

LA CONQUISTADORA

When We All Fall Asleep, Where Do We Go? no podría haber sido mejor recibido. Tanto críticos como fans se enamoraron inmediatamente de las oscuras y ambientales letras de este primer álbum.

DE OÍDO A OÍDO

¡Atención! La música de Billie está pensada para ser escuchada con auriculares. El sonido salta de oído a oído, conformando toda una experiencia.

LAS 100 MEJORES

El álbum de Billie batió el récord de más canciones incluidas en la lista de las 100 mejores compuestas por una mujer. Catorce de sus temas llegaron a estar, simultáneamente, en ese top.

EVOLUCIÓN

Al comparar este álbum con el anterior EP, queda patente que el sonido de Billie está evolucionando desde aquellas susurrantes baladas como «Ocean Eyes». *When We All Fall Asleep, Where Do We Go?* tiende al pop-hop, los ritmos pesados y el sonido de sintetizadores.

LOS NÚMEROS DE BILLIE

TENÍA 14 AÑOS CUANDO SUBIÓ **«OCEAN EYES»** a SOUNDCLOUD

1.000 MILLONES DE REPRODUCCIONES antes de la publicación de su álbum de debut

When We All Fall Asleep, Where Do We Go? Vendió **313.000** unidades durante su primera semana en las tiendas.

MÁS DE **25,1 MILLONES** a fecha de enero de 2020.

A los diecisiete años, Billie se convirtió en la solista femenina más joven en entrar en la lista de álbumes más vendidos en el Reino Unido.

14 CANCIONES EN EL TOP 100 DE BILLBOARD DURANTE 2019.

MÁS DE **2.300 MILLONES** de reproducciones bajo demanda de *When We All Fall Asleep, Where Do We Go?* en 2019.

3 BILLIE SABE TOCAR INSTRUMENTOS **MUSICALES:**
el piano, la guitarra y el ukelele.

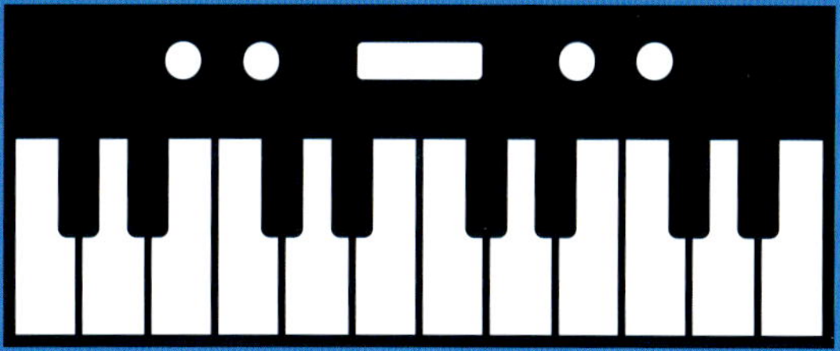

Billie se hizo con los cuatro premios de las categorías principales de los Grammy en 2020.

6 

NOMINACIONES EN LOS
GRAMMY
DE 2020

1.000 MILLONES
de reproducciones en
STREAMING A LOS DIECISIETE AÑOS.

MÁS DE
49,6 MILLONES
DE SEGUIDORES EN
INSTAGRAM, a fecha de enero de 2020.

MÁS DE
3,4 MILLONES
DE SEGUIDORES EN
TWITTER,
a fecha de enero de 2020.

VIDEO-CLIPS

Cuando una artista tiene millones de seguidores de su canal en YouTube, debe ser que está haciendo las cosas bien. Viendo los videoclips de Billie queda claro por qué nos tiene a todos cautivados.

DIRECTORA

Billie se enorgullece de tener el control creativo. Aunque algunos no la creían lo bastante experimentada como para dirigir videoclips, ella no se rindió. Desde que se puso a ello, ha dirigido algunos de los mejores, como el de «Boreo» o el de «Six Feet Under».

XANNY

(dirigido por Billie)

El primer vídeo que dirigió para *When We All Fall Asleep, Where Do We Go?* es minimalista, impactante y poderoso en su simplicidad. Consiste, principalmente, en Billie sentada en un banco mientras canta mirando a cámara.

EVERYTHING I WANTED

(dirigido por Billie)

El vídeo da comienzo con estas palabras: «Finneas es mi hermano y mi mejor amigo. La circunstancias no importan, siempre estaremos ahí el uno para el otro», cruzando la pantalla de extremo a extremo. A continuación, los muestra a ambos yendo en coche por la ciudad. Escribieron la canción juntos y esta trata sobre ellos.

BAD GUY

El vídeo muestra a Billie abriéndose paso hacia el plató ¡y montada en un coche de juguete! Mucha energía bailando y MUCHA actitud.

YOU SHOULD SEE ME IN A CROWN

Si no eres aficionado a lo desagradable, quizá prefieras no verlo. Si te crees lo suficientemente valiente, sin embargo, vale la pena echarle un vistazo.

WHEN THE PARTY IS OVER

El ya legendario vídeo en el que Billie llora un líquido negro con aspecto de tinta. Viste de blanco de pies a cabeza en un entorno también totalmente blanco, de forma que su pelo azul y sus ojos tintados destacan muchísimo. ¡Hay que verlo para creerlo!

Billie durante su actuación en el 102.7 KIIS FM Jingle Ball, el 6 de diciembre de 2019, en Los Ángeles, California.

«Siempre van a ocurrir cosas malas. Pero puedes escribir sobre ellas y convertirlas en una canción.»

BILLIE

MARCAR LA DIFERENCIA

Billie no tiene pelos en la lengua y no se corta a la hora de expresar su opinión. ¡Por eso la amamos! Veamos qué temas le interesan.

GIRA MUNDIAL RESPETUOSA CON EL MEDIO AMBIENTE

La lucha contra el cambio climático es un asunto importante para muchos jóvenes. Sin duda, sus fans quedaron encantados cuando comprobaron que también es una prioridad para Billie. En 2020, aportó su granito de arena organizando una gira mundial respetuosa con el medio ambiente en colaboración con Reverb, una organización sin ánimo de lucro que trabaja con diversos artistas a fin de encontrar formas de hacer las cosas de manera sostenible. Las pajitas de plástico están prohibidas en sus conciertos, y los fans deben llevar sus propias botellas de agua.

¡ENTRADAS GRATIS!

Al unirse a la organización Global Citizens, Billie concibió un modo de que los fans obtuviesen entradas gratis a los conciertos de su gira. Para ello, solo tenían que participar en algún tipo de acción ecologista.

RIVALIDAD POP

Billie no quiere rivalizar con ninguna otra estrella del pop. Le gusta que otras cantantes tengan éxito. ¿Viste cuando le dedicó su premio Grammy de 2020 a Ariana Grande? Eilish ha declarado que no quiere que la enfrenten a otras artistas femeninas de la industria.

ICONO DE LA MODA

Como le pasa con casi todo, Billie dicta sus propias reglas en lo que a la forma de vestir se refiere. ¿Cuál es tu *look* favorito?

Enero de 2017
Cadena gruesa y sudadera deportiva.

Noviembre de 2017
Brillando en negro y oro.

Abril de 2018
¡De repente todos queremos un anorak naranja!

Enero de 2019
¿Una camisa de satén negro?
¡Claro!, ¿por qué no?

Marzo de 2019
Billie y sus gafas de sol gigantes.

Febrero de 2020
Ese traje chaqueta de Chanel es lo más.

Febrero de 2020
Precioso conjunto de Burberry a medida, conjuntado con una visera de PVC.

¿QUÉ BILLIE TE PEGA MÁS?

Haz el test para saber cuál es TU *LOOK* Billie. ¡Vamos a ello!

INICIO

Durante el fin de semana, lo más probable es que...

te quedes en tu habitación escuchando música

¿Prefieres las comedias o los thrillers?

Thrillers

¿Vistes de forma deportiva?

¡Sip!

Comedia

¿Cuál es tu canción favorita de Billie?

«Ocean Eyes»

«Bad Guy»

salgas por ahí con amigos

¿Verano o invierno?

Invierno. Me gusta arrebujarme

¿Disfrutas de ser el centro de atención?

A veces

¡Me encanta!

Verano. ¡Por lo colorido que es!

¿Cuál es tu complemento favorito?

Los pendientes

¡Nop!

¿Colores brillantes o apagados?

Apagados

Brillantes

¿Abrigo peludo o chaqueta acolchada?

Peludo

Acolchado

¿Prefieres cantar o bailar?

Cantar

Bailar

¿Te gusta el neón?

No está mal

¡Me encanta!

Las gafas de sol

¿Festivales o conciertos en estadios?

Festivales

Conciertos en estadios

ROCKSTAR

Tienes todo el aspecto de una estrella del rock. Combinar abrigos peludos con estampado animal es lo tuyo.

CHICA DEPORTISTA

Eres feliz luciendo chaquetas acolchadas y joyería de oro.

ESTRELLA DEL ESCENARIO

Naciste para estar sobre un escenario y tu estilo es tan único como tú. No cambies nunca.

¡ESTRIDENTE Y ORGULLOSA!

Adoras el neón y no te avergüenzas de ello.

«Billie no se calla ninguna opinión. Nunca sigue la corriente solo para que todo sea más fácil.»

MAGGIE, LA MADRE DE BILLIE

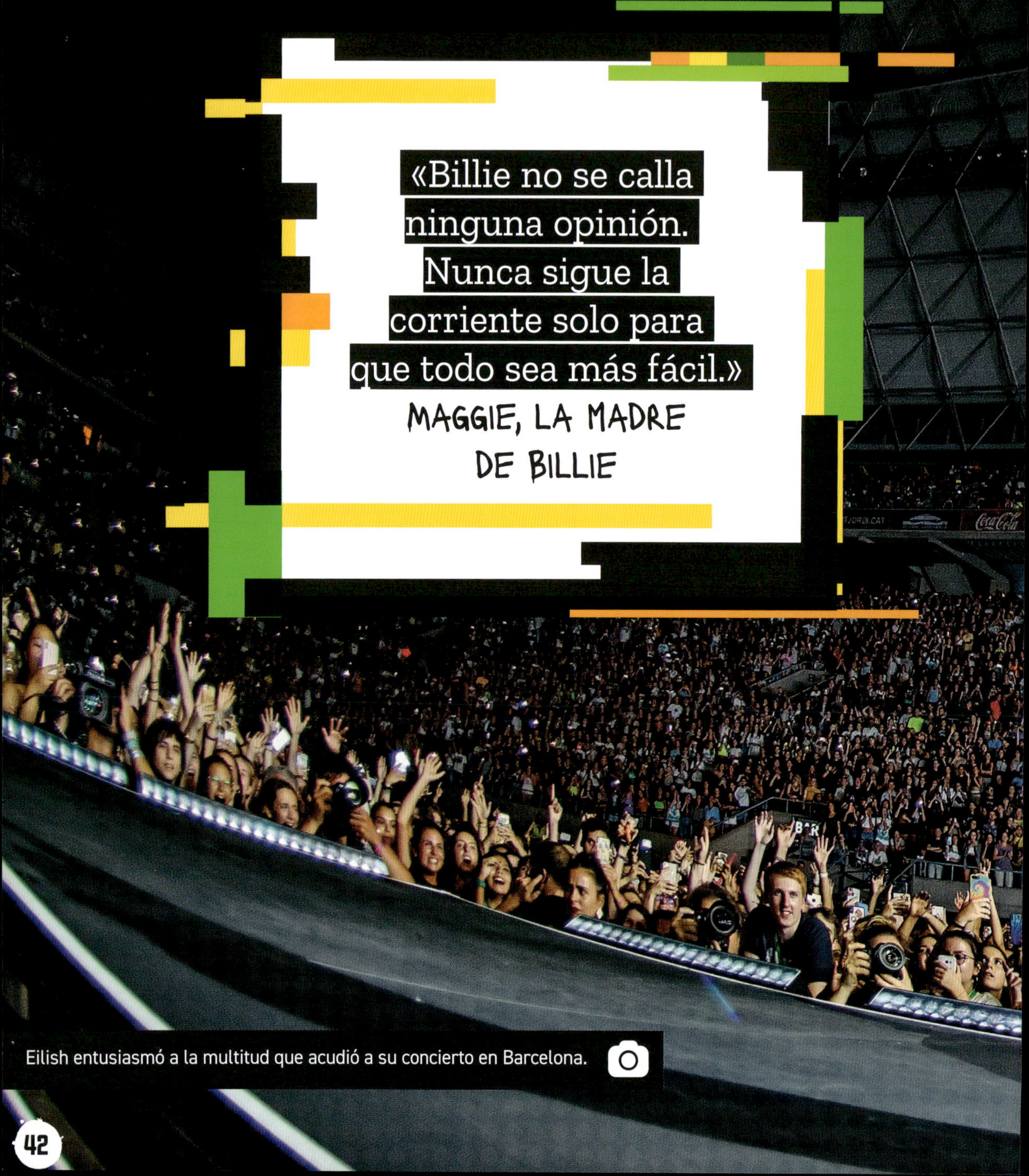

Eilish entusiasmó a la multitud que acudió a su concierto en Barcelona.

¡Nadie luce tan bien un conjunto de pantalón corto y camiseta naranja!

PREMIOS

¡Cuando se trata de ganar premios a lo grande, Billie es la mejor! Está haciendo historia al batir todos los récords de nominaciones y triunfos. Disfrutemos de su creciente colección de trofeos.

No cabe duda de que Billie está reescribiendo las reglas de lo que significa ser una estrella del pop del siglo XXI. De hecho, ha tirado los manuales por la ventana. Y lo mejor de todo es que está siendo reconocida por ello. El año 2019 fue totalmente suyo y todo apunta a que va a seguir dominando las listas de premios durante mucho tiempo.

Ascap Vanguard Award, 2019

American Music Awards, 2019

VICTORIA EN LOS BRIT DE 2020

Billie se hizo con el galardón a Mejor Artista Internacional Femenina en los Brit Awards de 2020. Fue también la primera vez que interpretó en directo «No Time to Die», la canción para la banda sonora de la última película de la saga de James Bond. Ve a la página 79 para más información sobre esto.

2019 AMAS

Interpretó *all the good girls go to hell* en los American Music Awards de 2019.

Además, ganó dos premios increíbles:

- **Artista Favorita de Rock Alternativo**
- **Mejor Nuevo Artista del año**

CHOICE AWARDS

- **Nickleodeon Kid's Choice Award 2019 a Mejor Artista Revelación.**
- **Teen Choice Award a Mejor Artista Revelación de 2019.**
- **E! People's Choice Award a Mejor Artista Femenina de 2019.**

RÉCORD EN LA LISTA DE ÉXITOS BRITÁNICA

***When We All Fall Asleep, Where Do We Go?* entró directo al número uno en la lista de éxitos británica. Esto le valió a Billie un sitio en el *Libro Guinness de los Récords* como la solista femenina más joven en lograr alcanzar la cima de la lista de ventas de Reino Unido.**

VICTORIAS EN LOS MTV DE 2019

- **Mejor edición por «Bad Guy».**
- **Mejor Nueva Artista.**
- **Artista Revelación del Año.**

Billie, además, fue nominada en otras siete categorías.

YouTube Diamond Award, 2019

Clio Awards, 2019

NOMINACIONES HISTÓRICAS A LOS GRAMMY DE 2020

A sus dieciocho años, Billie hizo historia en los premios Grammy. Fue la artista más joven en aparecer nominada en las cuatro categorías principales.

Grammy Awards, 2020

LOS GRAMMY DE 2020

Aquella fue una noche que, sin duda, Billie y Finneas recordarán toda la vida, durante la que cada uno se hizo con cinco premios. Entre los dos, ganaron las cuatro categorías principales: Canción del Año, Álbum del Año, Grabación del Año y Mejor Nuevo Artista. ¡No se puede pedir más! Finneas, además, logró el galardón a Productor del Año por su trabajo en el álbum de Billie.

INFLUENCIAS MUSICALES

A continuación veremos algunas de la caras famosas que han inspirado la carrera de Billie hasta la fecha. ¿A cuántos conoces?

JUSTIN BIEBER

Billie es una Belieber y lo ha sido durante MUCHO tiempo. Bieber logró la fama de un modo similar al de Eilish. Sus videoclips caseros fueron descubiertos en YouTube cuando tenía trece años. Billie conoció a Justin en el festival Coachella de 2019, lo que los llevó a publicar juntos una remezcla de «Bad Guy».

CHILDISH GAMBINO

En lo que a Billie concierne, Childish Gambino fue quien la hizo ser quien es. Este rapero alternativo tiene un sonido único, mezcla de R&B y hip-hop, condensado en un puñado de éxitos.

AVRIL LAVIGNE

Billie ha hablado en alguna ocasión sobre cómo la música de Avril la ha inspirado, ya que creció escuchando a la cantante canadiense. Compartió en Instagram el momento en el que conoció a su ídolo con la frase: GRACIAS POR CONVERTIRME EN LO QUE SOY.

LANA DEL REY

Billie admira muchísimo a la cantautora y productora Lana Del Rey, conocida por su sonido melancólico en los singles «Video Games» y «Summertime Sadness».

TYLER, THE CREATOR

Cada vez que Billie habla de sus influencias musicales, menciona a la estrella del hip-hop Tyler, The Creator. En caso de que no lo sepas ya, se trata de un rapero y productor. Tyler ha llegado a declarar que quiere trabajar con Billie, así que habrá que estar atentos...

AURORA

Billie asegura que supo que todo lo que quería hacer en la vida era dedicarse a escribir canciones tras ver el videoclip «Runaway», de Aurora.

LA GUÍA PARA FANS

¿Quieres saber cómo ser el fan número uno de Billie? Lee estos consejos, que te ayudarán a convertirte en el mejor Pirate o Eyelash DEL MUNDO.

1. Declara tu orgullo por formar parte de los Pirates o los Eyelashes (dependiendo de a quienes prefieras). Así encontrarás a otros que amen a Billie tanto como tú.

2. Presta este libro a un amigo o enséñaselo la próxima vez que os veáis.

3. Ayuda a otros miembros del fandom. ¡El mensaje de Billie es positivo! Detesta que sus fans dejen colgados a otros o se critiquen los unos a los otros. ¡Esparcid amor, gente!

4. ¡Atrévete a salir de tu zona de confort! El estilo de Billie a la hora de vestir consiste en ropa varias tallas más grande de la que le corresponde. Tampoco le da miedo personalizar su atuendo.

5. Échale un vistazo, si no lo has hecho ya, a los videoclips de Billie. Ve a la página 30 para comprobar cuáles consideramos que son los mejores.

6 Acepta tu individualidad como hace ella. Que no te preocupe si vas a encajar o no.

7 Apoya causas que sean importantes para ti, como hace Billie.

8 Comprueba la fecha de los próximos conciertos de Billie. ¿Te imaginas verla en directo? ¡Un sueño hecho realidad!

LAS MEJORES FRASES DE BILLIE

... la familia

«Tengo suerte de contar con una familia a la que adoro y que me adora. La única razón por la que hago lo que hago es que mis padres no me obligaron a ello.»

... los fans

«No me gusta llamarlos fans porque, para mí, son familia; son la única razón por la que soy alguien. Los amo muchísimo y trato de prestarles toda mi atención, ya sea en redes sociales o cuando los conozco en persona.»

... ser un modelo a seguir

«Reconozco completamente la responsabilidad de ser un modelo a seguir. Sin embargo, eso no va a cambiar mi manera de ser.»

... arte

«Creo que en lugar de cambiar el arte que hago, se trata de hacer saber a la gente que mi arte es para mí una forma de liberación.»

... Finneas

«Me llevo muy bien con mi hermano, siempre lo he hecho. Estamos muy unidos. Somos un equipo.»

... trabajando en estudios de lujo

«Nadie me escuchaba porque tenía catorce años y era una chica. Pero hicimos "Ocean Eyes" sin la ayuda de nadie... Así que ¿por qué tendría que involucrar a nadie ahora?»

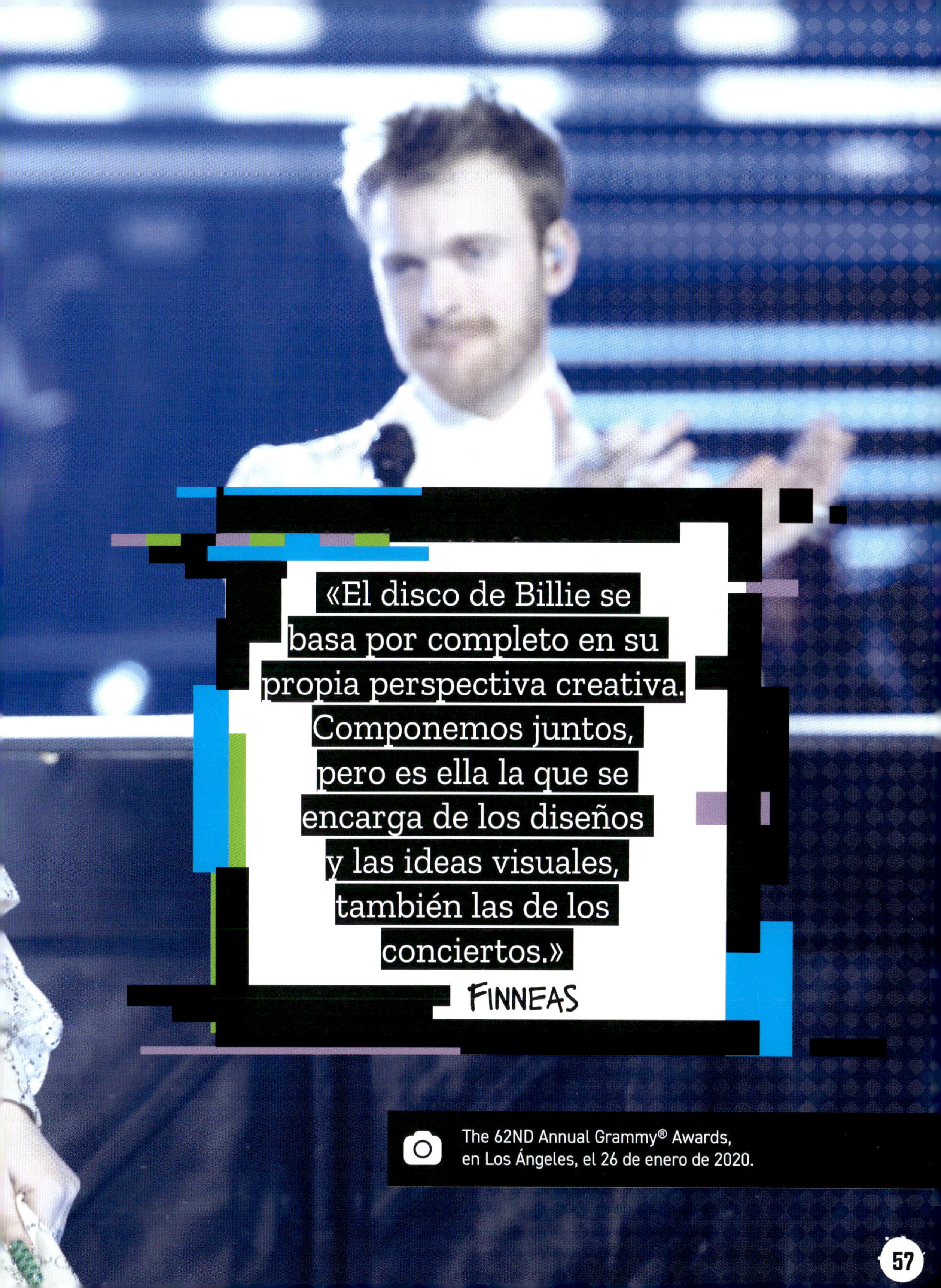

«El disco de Billie se basa por completo en su propia perspectiva creativa. Componemos juntos, pero es ella la que se encarga de los diseños y las ideas visuales, también las de los conciertos.»

FINNEAS

The 62ND Annual Grammy® Awards, en Los Ángeles, el 26 de enero de 2020.

¿CÓMO SE LLAMARÍA TU DISCO?

Para crear el nombre de tu disco, solo necesitarás tu mes de nacimiento y la primera letra de tu nombre. Usa las tablas de esta página para unir ambas palabras. ¡Así de fácil!

El mes de tu nacimiento:

Enero	**OCEAN**
Febrero	**LIVELY**
Marzo	**MYSTERIOUS**
Abril	**WONDER**
Mayo	**BAD**
Junio	**PARTY**
Julio	**PIRATE**
Agosto	**BORED**
Septiembre	**NOISE**
Octubre	**INSPIRE**
Noviembre	**LIME**
Diciembre	**BOLD**

SÉ VALIENTE

Coge bolígrafo y papel y empieza a anotar ideas para tus propias canciones. No te preocupes si no lo haces bien a la primera.

PAZ

Encuentra un lugar tranquilo en el que nada pueda molestarte. A Billie le gusta estar en su casita del árbol. ¿Cuál es tu sitio favorito?

SENCILLEZ

No le des demasiadas vueltas. Las letras más simples suelen ser las más pegadizas.

La primera letra de tu nombre:

A	LIMBO
B	TARANTULA
C	EYES
D	GUY
E	ASLEEP
F	FAME
G	EYELASHES
H	LOVE
I	SMILE
J	CROWN
K	VIVID
L	CREATOR
M	FAVOUR
N	MAGICAL
O	FRIEND
P	NIGHTMARE
Q	ROOTS
R	DREAM
S	CLOUD
T	SHADOW
U	VISION
V	HONEST
W	GOLDEN
X	TRUTH
Y	ACE
Z	INTENSE

HONESTIDAD

Escribe sobre algo que conozcas. Sírvete de tus experiencias personales como inspiración y muestra tu verdad.

NARRATIVA

Dota a tu canción de un argumento, con un principio, un nudo y un desenlace. La música puede ser un vehículo excelente para contar una historia.

COLORES MUSICALES

La siguiente galería es una celebración de la valentía de Billie a la hora de escoger colores de pelo. Examinemos la evolución de su cabello.

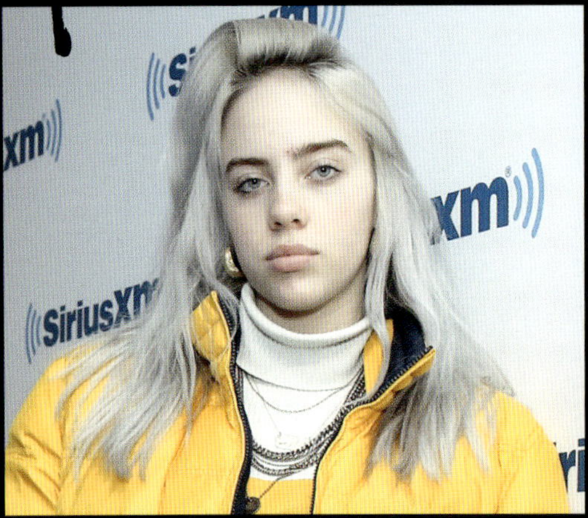

BLANCO: Los mechones blancos de Billie la hacían parecer fría como el hielo.

LILA: Alegrando un poco su aspecto con algunas mechas en exquisito lila.

GRIS: ¿Recuerdas aquel tono de plata brumosa?

AZUL CELESTE: ¿Qué mejor combinación para una sudadera azul que unos mechones del mismo color?

AZUL: A nadie le ha sentado nunca tan bien el azul eléctrico.

TURQUESA: ¡Amamos ese tono turquesa superguay!

NEGRO: El negro azabache como declaración de intenciones.

RAÍCES EN VERDE ÁCIDO: Puede que este sea nuestro *look* favorito hasta la fecha.

INSPIRACIÓN Y Y COMPOSICIÓN

Si eres como nosotros, seguro que estás maravillado por la habilidad de Billie para escribir canciones. Es lo que la hace destacar entre el resto de la industria musical. A continuación trataremos de captar un destello de su genialidad.

CLASES DE COMPOSICIÓN

Billie y Finneas fueron escolarizados en casa y se les animó a desarrollar sus intereses. Su madre les daba clases de composición de canciones, de forma que pudiesen aprender cómo estructurar un tema musical, que consistía en escuchar a clásicos como Peggy Lee y Frank Sinatra. A los once años, Billie ya estaba escribiendo sus propios temas. Y lo mejor de todo es que tanto ella como Finneas tenían permitido acostarse tarde, siempre que estuviesen trabajando en su música. ¡Qué padres tan guays!

SUEÑOS VÍVIDOS

Billie ha hablado a menudo sobre su experiencia con la parálisis del sueño y los sueños vívidos (cuando el que sueña es consciente de estar haciéndolo). Se ha servido de esas pesadillas y terrores nocturnos como inspiración para sus canciones. *When We All Fall Asleep*, «Where Do We Go?» trata de lo que sucede cuando nos hallamos en distintos estados de inconsciencia.

ASMR

Muchas de las canciones de Billie incluyen elementos de ASMR (Autonomous Sensory Meridian Response —*Respuesta sensorial meridiana autónoma*—), es decir, distintos sonidos y susurros dirigidos directamente al micro. Algunos pueden experimentar un cosquilleo en la columna al ser expuestos al ASMR, pero el efecto es distinto en cada persona.

UN LUGAR EN EL QUE CONCENTRARSE

Cuando Billie necesita concentrarse para escribir, solo hay un sitio en el que quiere estar: la casita del árbol que su padre construyó para ella y Finneas cuando eran pequeños.

«Suelo ir mucho a la casita; meto un ukelele y una libreta en el cubo, los subo conmigo y me siento allí a escribir.»

HERRAMIENTAS

¿Sabías que Billie incluye en su música algunas grabaciones de objetos cotidianos? En «Bury a Friend» aparece el sonido de una pistola de grapas y de un taladro de dentista, que Billie grabó durante una visita al médico. ¡Escucha a ver si das con ellos!

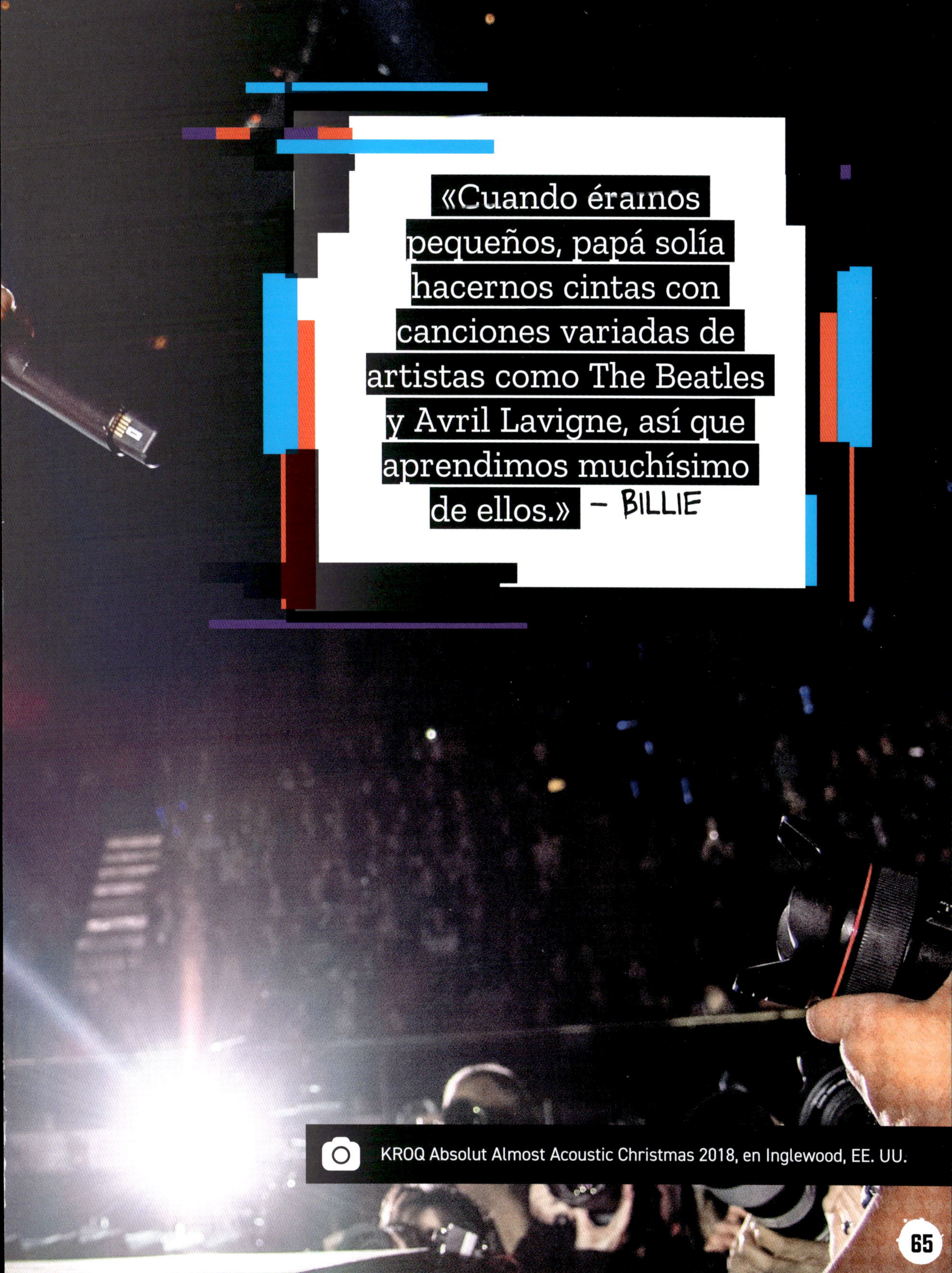

«Cuando éramos pequeños, papá solía hacernos cintas con canciones variadas de artistas como The Beatles y Avril Lavigne, así que aprendimos muchísimo de ellos.» – BILLIE

KROQ Absolut Almost Acoustic Christmas 2018, en Inglewood, EE. UU.

¡NO PUEDE SER!

¿Te consideras superfán? Ahí van 9 cosas sobre Billie que solo sabrás si eres un verdadero Pirate.

1 Lleva el nombre de su abuelo Bill, fallecido mientras la madre de Billie estaba embarazada de ella.

2 Finneas es el culpable de que su segundo nombre sea Pirate. Tenía cuatro años cuando nació Billie y ¿adivinas con qué estaba obsesionado?

3 Billie grabó algunos coros para las películas *El diario de Greg* y *X-Men*.

4 Siempre ha sido vegetariana, pero se hizo vegana en 2014. Le preocupa mucho el bienestar de los animales y su impacto medioambiental.

5 Su canción «My Strange Addiction» incluye fragmentos de su serie de TV favorita, *The Office* (versión americana). El tema habla de adicciones y la de Billie es esa comedia.

6 Es de ascendencia irlandesa y escocesa.

7 Un fan hizo una vez un dibujo de Billie con los ojos completamente negros y llorando tinta. Esto inspiró el videoclip de «When the Party's Over».

8 Billie ha hablado de forma honesta sobre cómo es la vida padeciendo el síndrome de Tourette, una afección que hace que quien la padece realice de forma involuntaria movimientos o sonidos bruscos.

9 Antes de triunfar, en 2018, Billie fue telonera de Florence and the Machine.

«La gente se asusta cuando me ve, y así quiero que sea.»

BILLIE

Festival Life Is Beautiful, septiembre de 2019
en Las Vegas, EE. UU.

INTERPRETACIONES ICÓNICAS

Billie es conocida por sus emotivas interpretaciones en directo. ¡Aquí la tenemos en acción!

92nd Annual Academy Awards, febrero de 2020 en Hollywood, California: Billie y Finneas interpretan «Yesterday», de The Beatles, durante el momento de la ceremonia dedicada al recuerdo de los fallecidos.

Festival de Glastonbury, junio de 2019 en Glastonbury, Inglaterra.

KROQ Absolut Almost Acoustic Christmas, diciembre de 2018 en Inglewood, California.

Billie en su dueto con Khalid durante el Governors Ball Music Festival, junio de 2018 en Nueva York.

Billie en su dueto con Jared Leto en el Music Midtown Festival, septiembre de 2018 en Atlanta, Georgia.

Billie acompaña a Alicia Keys en *The Late Show with James Corden*, diciembre de 2019.

iHeartRadio Music Festival, septiembre de 2019 en Las Vegas, Nevada.

LA PRIMERA GIRA MUNDIAL

A continuación, todo lo que necesitas saber sobre la gira *Where Do We Go?* Esta aventura épica es la primera incursión de Billie a escala mundial.

Durante 2019 vimos a Billie dominar los escenarios de los mayores festivales y, desde entonces, su popularidad no ha hecho más que crecer (¡si acaso eso es posible!). Basada en los éxitos de *When We All Fall Asleep, Where Do We Go?*, la gira arrancó en Miami, Florida, y debía finalizar su recorrido en Indonesia, en el sudeste asiático. Desafortunadamente, la pandemia global desatada por el COVID-19 obligó a Billie a cancelar algunas fechas y posponer otras. La seguridad de sus fans está por encima de cualquier otra cosa. Por otro lado, Billie fue una de las artistas que participó en la campaña *We've got you covered* (Os tenemos cubiertos), cuyo objetivo era el diseño y venta de mascarillas para recaudar fondos en la lucha contra el COVID-19.

PANDEMIA GLOBAL

En marzo de 2020, Billie se dirigió a sus decepcionados fans a través de una nota de prensa que informaba sobre las condiciones de la gira: «Me apena tener que hacer esto, pero debemos posponer algunas fechas para mantener a todos a salvo. Os haremos saber, en su momento, cuándo podemos volver. Cuidaos. Os quiero».

Aquellos fans que tuvieron la suerte de acudir al concierto de presentación de la gira en Miami pudieron comprobar cómo Billie lanzaba un discurso en vídeo entre canciones en el que denunciaba los prejuicios corporales. Esto fue lo que dijo:

«¿Estáis seguros de conocerme realmente?

Os habéis formado una opinión sobre mis opiniones, sobre mi música, sobre mi ropa y sobre mi cuerpo.

Algunos odian cómo visto, otros lo adoran. Algunos usan esto para avergonzar a otros; algunos lo usan para avergonzarme a mí.

Puedo sentir cómo me observáis... Continuamente.

Cómo nada de lo que hago pasa desapercibido.

Y aunque siento vuestra mirada, vuestra desaprobación y vuestros suspiros de alivio, si viviese dependiendo de ellos no podría siquiera moverme.

¿Os gustaría que fuese más menuda? ¿Más débil? ¿Más blanda? ¿Más alta?

¿Preferiríais que me quedase callada?

¿Mis hombros os provocan? ¿Mi pecho? ¿Soy acaso mi tripa o mis caderas?

¿El cuerpo con el que nací no se ajusta a lo que queréis?

Si visto de forma cómoda, no soy una mujer. Si me despojo de todas las capas, soy una zorra.

Aunque no hayáis visto nunca mi cuerpo, seguís juzgándolo y juzgándome. ¿Por qué?

Hacéis suposiciones sobre las personas basadas en la forma de su cuerpo, presuponiendo quiénes son y cuánto valen o merecen.

¿Quién decide en qué me convierte el llevar más o menos ropa? ¿Qué significa?

¿Mi valía solo se basa en lo que percibís sobre mí?

¿No será que vuestra opinión no es mi responsabilidad?»

Texto de BBC news

«Es importante que los chavales sepan que no hay nada intangible o que sea imposible para ellos.»

BILLIE

Actuación de Billie en La Cigale, el 18 de febrero de 2018, París, Francia.

¿CUÁNTO SABES SOBRE BILLIE?

Responde al siguiente test para conocer tu estatus de superfán. ¡Adelante!

1 ¿Qué single colgó Billie en SoundCloud a los catorce años?

2 ¿Cuántos premios Grammy ganó en 2020?

3 ¿Cómo se llama la mamá de Billie?

4 ¿Cuál es la serie de TV favorita de Billie?

5 ¿Qué tres instrumentos sabe tocar?

6 ¿Cómo llama Billie a sus fans?

7 Billie tiene una mascota, ¿qué animal es?

8 ¿Cuál es el signo del zodiaco de Billie?

9 ¿Qué premio Brit ganó Billie en 2020?

10 ¿Junto a quién escribe sus canciones?

11 ¿Cuántos premios ganó Billie en los AMAs de 2019?

12 ¿Cómo se llama su gira mundial de 2020?

Ve a la página 80 para comprobar las respuestas. ¡Buena suerte!

13 ¿A qué miembro de su familia debe Billie su nombre?

14 ¿Quién construyó la casita del árbol de Billie?

¿QUÉ SERÁ LO SIGUIENTE?

El futuro de Billie luce tan brillante como el neón que le gusta vestir. Documentales, una película de la saga James Bond... No podemos esperar a ver qué será lo siguiente.

OBJETIVOS GRUPALES

Billie posee ya una devota audiencia de fans que la adoran y artistas que la siguen. Atendiendo al crecimiento del número de Pirates, no parece que el «fenómeno Billie» vaya a frenarse en breve.

INSPIRADORA

Billie es la desacomplejada voz de toda una generación. Ojalá continúe inspirando a los más jóvenes a que se censen para poder votar, expresen lo que realmente les importa y persigan sus sueños. Ser joven no significa que tu opinión no cuente para nada. ¡Sigue lanzando mensajes positivos, Billie!

CRECIMIENTO

No solo la base de fans de Billie está en crecimiento continuo, también lo hace su confianza en sí misma. Gracias al fenomenal éxito de su primer álbum, y al copioso número de galardones que ha obtenido por el camino, Billie sabe que la gente la respeta como artista. Que haya dirigido sus propios videoclips también le ha valido muchos halagos.

007

Billie ha sido la artista más joven en cantar el tema principal de la banda sonora de una película de James Bond. *No time to die* es la 25ª entrega de la saga, y qué manera de celebrarlo... Billie es acompañada en la canción por el guitarrista Johnny Marr y el legendario compositor Hans Zimmer, que se encarga de los arreglos orquestales.

«No Time To Die» llegó al número uno de la lista inglesa de singles. ¡Solo uno de los temas principales para una película de Bond lo había logrado antes!

DOCUMENTAL

Si quieres saber más sobre lo que se cuece entre bambalinas, échale un vistazo al documental sobre Billie en AppleTv+. La grabación sigue a Billie durante el lanzamiento de *When We All Fall Asleep, Where Do We Go?*

RESPUESTAS

1. «Ocean Eyes». 2. Cinco. 3. Maggie.
4. *The Office* (versión americana)
5. Piano, guitarra y ukelele.
6. Pirates o Eyelashes. 7. Una tarántula
8. Sagitario. 9. Mejor artista internacion
femenina. 10. Finneas. 11. Dos.
12. *Where Do We Go?* 13. A su abuelo
14. Su padre.